Puzzle #1

9x9 Sudoku

6		7		5	1			
1	9				2	5		
2				3		6	1	
			3		6	8		7
			5	1	4			6
5		6	2		8	1	4	
3		4	7				9	1
	2		4					
			1		9		8	

Puzzle #2

9x9 Sudoku

	4			6	8	3	7	
					1		6	8
	2				3		4	
	6			1	2			
4	9			7			3	2
			4		9	7		6
7	1						9	
9		2		8		6		
6			1		4	5	2	7

Puzzle #3

9x9 Sudoku

	8			4	1	9		
9	6			5			4	
7				6		5		8
		8			3		2	4
		6		2				5
2			6			1	9	3
8	1				5		3	
3	7			1		2		
	2	9	7			4	5	

Puzzle #4

9x9 Sudoku

		5			4			8
	8	6	9				4	3
						7	5	
9		4	1		5		3	
		2	8	4		6		
		3	2		9		7	1
			4			9		
	3		7	9			1	4
4	1		5	8	6			

Puzzle #5

9x9 Sudoku

		1	9		8	3	7	
		5		6		1	8	
				3		2		
7			3			6	5	9
		6		9	5	8		
3				7			2	1
5	7				2		6	
1						7	4	
	9			8		5	1	

Puzzle #6

9x9 Sudoku

		8		1	2	4	6	7
4					3			1
5		6			4			
			3	7		2		
3	5	4			1	7	9	8
2							3	
	6	2				8	5	
7		5			6		1	3
	9			4	5			

Puzzle #7

9x9 Sudoku

1	2	9		4				
		4			5			
				9	8			1
4		2		7				
	3		8	6		2	9	
9			4					3
2	5	1	6					
		7			9	1	2	
3			1		4	7	8	

Puzzle #8

9x9 Sudoku

1		5	6	8			3	
6	7					9		
4	9				3	6		1
	8	6		4		2		
	3			7		8		
				3	1	7	5	
						5		8
8	1	7	5				6	
			4	6			7	2

Puzzle #9

9x9 Sudoku

	1		9	2			6	3
3			8				7	
	6	4	1	3				
7					9	6		8
6	3					5	1	
5	2		4	6	1			
	8	3			2			
		5			4			1
1			7			2	4	5

Puzzle #10

9x9 Sudoku

7	3	2	8			4	6	
				3		2		
9			2	1	7			
8	2	3			1		9	4
	4		3		8			5
	5			4			3	6
2					3			7
	1							
	7		6	9	5	3		

Puzzle #11

9x9 Sudoku

		4				2	7	
		7	9	8	3		4	
		1		4			9	6
	3			5				
		2	8	1		4		
				7			5	2
2	1	5	6			3		
9	4			2				5
7	6			3	1			4

Puzzle #12

9x9 Sudoku

7		8	6		4		2	5
6	4	3	5		2			
2		9	1	7			3	
				5	9		8	3
1		7	3					
	3		2		1		9	
	7	4				2		
5		2		6				
				2	7		5	4

Puzzle #13

9x9 Sudoku

		8	6	3			7	
3	6	1		7	5	4		
7			4	9			3	
		7					5	
	1	2	3	4		7		8
6	8	9			7	2		
		3	1				8	7
		4		2		3		9
			9	8	3			

Puzzle #14

9x9 Sudoku

	5	2	4	8	1	9		7
				2		3		
6		9			7			2
4		6			5			
7				6		4	9	
5		1		4	2	7	8	
1				9			2	8
				1	8	5		
	8	4					7	

Puzzle #15

9x9 Sudoku

		6			8	9		5
9	8	1						6
		2		7		8	3	1
		4			6		9	7
8		7	3	9	5	1	6	4
			4	1				2
	3		7		1			9
			2					
7			9					8

Puzzle #16

9x9 Sudoku

2	5	9		8		4	1	3
				5	9	6		
4			2					5
7		2			5		3	8
1	3	6	7	2				
	9	8		3				
		1	3	4		7		
	2			7		3	9	
			5		2		6	

Puzzle #17

9x9 Sudoku

8		7						
	5	3	2		6	8	7	4
	1		7			5		
1	4		6		3	9		
		6			1			
	9	5	8	4		7		
5	6	9	4			2		1
	7		9		8		3	5
			1			4		

Puzzle #18

9x9 Sudoku

5		6				9		2
7	1			2			8	5
9					1	4		6
		8	5	4				
		9		8		5		
		5	6		9	8	3	4
			3	7	5	6		
				9	2		5	
3		2	1				4	9

Puzzle #19

9x9 Sudoku

		4	7			6		
7	6	3		4		5	9	
		5		2				7
6			8		4	1	5	9
	8		9			7		
5	4		2	1				8
9				8			4	
					2		3	6
			6		1	8		

Puzzle #20

9x9 Sudoku

		9		3		6	8	4
3	6	1			7	2		5
	2					7		1
		5	1		2			7
	8			9			4	
							1	8
7			9			4	5	3
			7		4			9
4				2		1	7	

Puzzle #21

9x9 Sudoku

				8		6		
	7			3	6		4	
8	9			7		1		2
9			6			7	2	1
7	3	2				4	6	
1		4	7					
2	5	7	3		1			
6			9			3	5	
	4				7	2		

Puzzle #22

9x9 Sudoku

			3	8				
	5				2	1		
4		7				5	8	
				3				
8							9	
		9						7
		5						6
		3	1	4			2	
	4		5		6	9		

Puzzle #23

9x9 Sudoku

					8	3		
	1	3	9	2			5	
	6	8	1		7			
	2	4	8	7		1	6	
1						8	9	
			2				3	
8	3				2		4	
2		5	4	8	6	9		
4	9				5			7

Puzzle #24

9x9 Sudoku

					6		1	3
	2	4	3					5
3					5	8		
				6		9	7	
4		6	2		3			8
				4	9		3	
	8		7	3	1	4		9
6	3		8	9			2	7
7		9	6		2			

Puzzle #25

9x9 Sudoku

	9	5			8	6		
	7			2	1	5		
	6				9		8	
6			8	4	5			
5	1	4	9					
	8		1		7		3	5
	2	8					5	
1				8	3			7
	5			9	4	3	1	

Puzzle #26

9x9 Sudoku

7			1		4			9
8	6		3		9	7		
		2		5		3		1
			9			4		
9	2	4				5	1	3
	1	7		4		9	6	
				9	8	2		
3	8		7	6	2			5
	7		4					6

Puzzle #27

9x9 Sudoku

1	9	6		7	3			
			8		4		6	
	8				6		5	
	1		4	8		5	7	
					5	3		2
7		2	3	9			8	4
	6			4	8		9	
	7	1				8	2	
9				5			3	6

Puzzle #28

9x9 Sudoku

7		4		3				
						3		2
	9	8			1		4	
	5			8				
		1		7	2	9	6	
2		7	9			4	3	
1	7	9	2		3	8		
5		2				6	9	
	4	6		5		1		

Puzzle #29

9x9 Sudoku

4	9		1	8				7
2		7		3	9			
	6	8	2	7		4		3
							3	
				5	8	9		1
3		9		1	2	7		
6		4	8		3			9
9					7		6	
8	2	5				3		

Puzzle #30

9x9 Sudoku

4		1		9	5			
	5		8	4		3	1	
		2	6					9
	7	4				5		1
5				3	6		2	
	2	9	7	5			8	4
1	9	7		8				5
					9	1		8
	4	5						

Puzzle #31

9x9 Sudoku

2		1			5			
			2				7	
3	4	7		6	1	8		
1			7	2		6	9	
8			5	1	9	3		7
					7	4	3	2
7	2	6	3	4		5	1	
		9		5				6

Puzzle #32

9x9 Sudoku

6						1	8	
	7		4	5	1	3	2	6
3	1	4	2		6		5	
1	2			7				
	8		1		4	2	9	
	6	3		2				
8					9	7		2
	4		5		2		1	9
			8					

Puzzle #33

9x9 Sudoku

3	4		7		5	6	2	
7					9			3
6			1	4			7	
	3				1			
1		8			2		4	
	5	2	8		6		1	
8	1		5		4			
					7	1	6	8
			6	1	8	5		

Puzzle #34

9x9 Sudoku

			6	2	5			8
3		6		1		4		
8				7		2	9	
2								4
7				5	6	9	2	1
		4	9	3		6		
	7	3	2				1	
4		5	1			7		2
1				6			4	

Puzzle #35

9x9 Sudoku

		8	2		6			
	3				4	7	9	2
					3			6
	1					5	6	
	4			3	7	9	1	8
3	9			6				
	6		7	8				
	5		6		2		3	1
1			3	9				4

Puzzle #36

9x9 Sudoku

			1	8				
			9			8		4
1	8			3	4		2	
6		7			9		5	8
	4				5	9	7	2
			3	7			6	1
9	3	1				2		6
8		5			1			
7				6	3		9	5

Puzzle #37

9x9 Sudoku

	7	1	8			6	2	
	8	4	6	7				9
9	5		1					4
	6		3	4		8		
	3	7				9		6
				5		3		1
6		3			7		1	
5		2			3	4		
				6	1			

Puzzle #38

9x9 Sudoku

	6			7				
9	4	7		3				
	2	8	4		6		5	
4		2	3				9	
	9		6			7		
			9	8	7	2		5
	1		7	5	4	8		6
		4			3	5		
7		6		2			1	

Puzzle #39

9x9 Sudoku

	7						5	8
8				7		9		1
		9		5	2	6		
								2
3	2		5			8	1	9
9	8		7		1	5	6	3
		3	2	1	8			
7	1		6	9				4
		5	3				8	6

Puzzle #40

9x9 Sudoku

		5	2	6	7	9		
3			1	9	5	8		2
2		9	8	4			5	6
		3	5				8	
		4				6	3	7
		6	3	2			9	
		1		8			6	9
				5	1			
		8	4			5		

Puzzle #41

9x9 Sudoku

	9	5	7	8	6		2	
			5	3		7	6	
3	7					8		9
5		9		7	3			
	3	7				2		5
	8	1		2	5			4
7				9	4		1	
9	1			6				2
		2				9		7

Puzzle #42

9x9 Sudoku

3								
	9	7	4					
	8	2			7	5		9
					5	7	2	
				3	4	6		5
	7	6	9	2			8	
	5		2	6		4		8
	6			4	3		1	7
	2	3	1	7		9		6

Puzzle #43

9x9 Sudoku

4				7		8		
		7	8	9	2			
		9			4			7
		8	7	3		1		2
5				4	6			3
	3		9		8		5	6
7	1	2		8		3		
8	6	5			7		9	
9			6	5		2		

Puzzle #44

9x9 Sudoku

1			6					2
				8	2	6		
	2	4	1					3
	5	9		3	7	8		
8	7						9	
		1	5			4	2	
2	9						6	4
	4		9	1			7	8
		6	8				3	

Puzzle #45

9x9 Sudoku

	3			6	9	1	8	
		9	2					4
1	5			7		9	2	6
5			1				3	
	6		8			2	1	9
9		2			6	4	5	8
4				2	7	8		
					1	5		
	2			4				

Puzzle #46

9x9 Sudoku

6	9				5		1	3
7	8	3						
				4	3			
			4		1	7	9	2
2	1	8	3		7		5	6
4	7	9						
5			9			1	6	8
				2		5		4
		1				3		9

Puzzle #47

9x9 Sudoku

2	3	8		4	5		9	
	9			3	6	2		5
1				9				
3		5				8	1	9
		7	8			3	4	
			3				2	
8		9				7		
	7		9		2		6	4
		2	5		4			

Puzzle #48

9x9 Sudoku

		6	7					9
5				1	3		6	
9	3	4	6	5		7		2
	4				1	2		6
6		3		8				
			2	7				
		1	8	2	4		7	
2	8					4		
	6		1	9	5			8

Puzzle #49

9x9 Sudoku

8	1	6			5	4		2
9			6			1	5	
5		3	8	1	4		6	
1					9			4
	3			8		5		7
2			4					
	4		7			2	1	
7			2		3		4	5
6						8		

Puzzle #50

9x9 Sudoku

	4		8				6	7
	6	9	2		3			
		1	4					3
	9		7	3	8	5	2	
	5							9
3	8				4			
2			6	4	9	3	1	8
	1	4	3		2			
						6		2

Puzzle #51

9x9 Sudoku

	5				6	8		
		4	8		2			5
						1	4	
				2	4	5		8
		8			3	2	1	
2		9		1	8		6	
				8	7		9	1
1	2			9	5			4
		6	4			7		2

Puzzle #52

9x9 Sudoku

	3				5		9	
2		8	7			3		
		7			4		1	
3	6				1		2	5
7	4			6	9		8	3
8								
4		6		7	2	5		
	1		6	9				
	7	3	5	4		2		

Puzzle #53

9x9 Sudoku

7		8	4			3	6	5
				5		4		
2	4		3		8		1	
	5	7	2		6	1		
						9	5	2
4				3	9	6		7
	3	4	7	2		8		1
		2						4
		9	8		3			

Puzzle #54

9x9 Sudoku

		6	4	1	2	5		
1								6
8	2				5	9		
				2	4	3		
	6			3		4		7
2	4	3			6			
6		2	5	8				4
9						6	5	2
		7	2			1		9

Puzzle #55

9x9 Sudoku

	8	4	6	7				
3	1	7		4	2			6
2		6	8	1	3			
8	5			9	1		3	
			2			1		
			3	8	6		7	5
						9		
6		1				4		8
9	2				5		1	3

Puzzle #56

9x9 Sudoku

		5				6		1
		8	1		6			
	6	9	5				8	7
9		2			5		6	3
8		3	6	7		9	1	
	1				9			
5	8	4			2		3	
	2		9	5				
		6	4	3		8		5

Puzzle #57

9x9 Sudoku

			6	4	8			
1	4					7		6
5			7					2
		6		9			7	8
3			1			2	6	
9	8		3		6		1	
		1	9	7	2		5	
		5		6		9		
	9		4	5	3		8	7

Puzzle #58

9x9 Sudoku

4			9					2
	8	6			7		3	
			8	4	3	5		
		1	6			7	4	5
			5			8		3
	5	8	3		4			
				5	6			4
	7	5	4				9	
2	4			8	9	6	5	1

Puzzle #59

9x9 Sudoku

2	5			4	1	3		7
		1	2					
9					7			1
	8	5		7	6		9	
4	2		5				1	8
	6				4			
5		8		1		9		
6		3		9	5	8	4	
				6	8	1	5	

Puzzle #60

9x9 Sudoku

		9			3			
	7	8	4		1		6	
4	3							7
6			8		7	5		
2	8			1	4			6
3	9		2				4	1
	2			6		4	9	
					5	3		2
	5	1	3	4			7	

Puzzle #61

9x9 Sudoku

	9				4			1
	1	5	6		9	3		4
		2		3		8	9	6
		3		5	2			
		7				6		9
	8							
7		8	1	4		9		3
1	6				7	4	2	5
		4		9	6	7		

Puzzle #62

9x9 Sudoku

5		2	8					
7			2	6				3
					1			9
		6		3	8	2		
2		7				9		
3	8		7	4	2			1
6			3				4	5
4	2				7	3	9	
9	3		6	1				

Puzzle #63

9x9 Sudoku

	9		6			3	7	4
		3	2		5		8	1
	8	1	3	7	4			
1				3			4	9
	5			6	2	1		
	7		5					
		4	1	2	9			8
					6		1	3
			7		3			2

Puzzle #64

9x9 Sudoku

	3		4			5		9
9		5	8		6	1		2
4			1	5				3
			2		8	9		5
				6		4		
8		1	3	4		6	2	7
				2	3		8	
6	8	3			4			
		7				3	9	

Puzzle #65

9x9 Sudoku

4				5	6		9	7
8			1	3				
		2				3		
3		1		9	4	7		6
			5			9		3
	8	4	3	6	7			5
	4		9		8		3	
1		8		2	5		7	9
7				1			5	

Puzzle #66

9x9 Sudoku

9	4	2			8	1		3
	7			2			4	
3			1					8
	1	8			4		3	
2				1	6	5	8	
	6				5	9	2	
				7			6	9
6		5		8	9			
		4	3		1		5	

Puzzle #67

9x9 Sudoku

7	9			5	4		6	1
	2		1			7		
				9	8			5
	6			7		4		8
	8		3		9		5	7
3			4		1		9	
	3	2	8		7			6
8	5	6						
4				2				3

Puzzle #68

9x9 Sudoku

		3	6		7			8
					9		4	
7		9	2			3	6	1
2	8			7				5
6		4	5					
9					2	6	7	
5			7	6	1		2	
	4			2		7	1	9
				3	4	8		6

Puzzle #69

9x9 Sudoku

	5	4					8	
7		3					9	
9				2		6	3	
	7			9	6		1	
	4	1	3		2	9		
	8	9		5	4		7	
8		6				5	4	3
								9
	9	5		3	8		2	7

Puzzle #70

9x9 Sudoku

	2			6			3	8
			3	9		7	6	
3	7	6	5		8		4	
					1	6		
	3	9					1	4
	1				7	3	5	9
		7	1	2	3			
2							7	6
	9		8	7	6	4		

Puzzle #71

9x9 Sudoku

5	4	3			1	7	2	
	9			3		1	5	8
6				5			3	
	6			7		4		
		4			8	3	9	2
					9			
	5		8		4		7	
4	3	2			5		8	
	8		6					9

Puzzle #72

9x9 Sudoku

				9		1		6
			5		3		8	
		8	7		6			
5	3		9			8	2	1
2	7	1				9		3
8	9	4	2			7		5
9			4		2			
	4			8			3	
					5	4	9	2

Puzzle #73

9x9 Sudoku

	4			1	8	3		
3	1	5						
8	6	2	3	7				4
						9	8	2
	7		5			4		
1		9		4	3	5		7
		8			7	6	4	
	3	1	9	2	4			
					6			3

Puzzle #74

9x9 Sudoku

			9	8	6			
					4	2	8	3
7			3	5		6	4	9
4		2			1	5	3	
	3			2	8	1		4
	5				7		6	
	9			7	3	8	5	
6		7						
	8	5		6			2	7

Puzzle #75

9x9 Sudoku

		3	6	4			8	
8		4	7			5	2	
9		2		5	1		7	
	5				7	6		
2	9		4	6		1		
		1	2	8	5	7		
		6	5	7				4
			3	2			1	
			1				6	7

Puzzle #76

9x9 Sudoku

	2	8	1			7	9	
5	6	1	9	7	3		8	4
3		9	4	8	2			
		5		2			3	
					1		7	
8	4					6		2
			7			9		
7				6		8		
6	8	2				3	4	

Puzzle #77

9x9 Sudoku

8	5		7			6		
		4				5	8	
2		9		6			1	
		3				8	2	9
	2			4				7
6			1		9	4	3	
	1	7			2	3	5	
	8		4		6		7	
		6	3	1	7			

Puzzle #78

9x9 Sudoku

		6					7	9
4	7		8		2		1	
			5	7	6	2		8
8		2		4	5	1		7
3				6				2
			1	2			6	4
					7	4		1
				5				
	1	7	4			3		

Puzzle #79

9x9 Sudoku

5		9	8		7			1
3		6			9	2	8	
		1	3	6		7		
6		5	2		8		4	
					5			
4	8	3				9	5	
	3		7	5		4		
			6				2	3
	6			2				8

Puzzle #80

9x9 Sudoku

7	2	1			9	4	8	
3	5	8	1	2				
	6				5		1	
	4		7		1			
	1			4	2			7
			6				5	
			4	9		2	7	
9			2				6	8
6		2	5	3				

Puzzle #81

9x9 Sudoku

1		7	6		5	9		
	6	8		7	9	5	2	
		5						7
	2	1	4		7	6		8
5	7		9					
	4						3	
3		4	2		6			5
	1		7	5				
7			1		3	2		

Puzzle #82

9x9 Sudoku

		1				4	7	8
	3	7			8			6
8	6				5	1	9	
		9		8				
7								5
	2	8	3				6	1
	9			3			1	4
		4	7	1	9	6		2
	7	6		5	4		8	

Puzzle #83

9x9 Sudoku

3			7		4	2	8	
7	4							
9				3	1	7		
	9		5	2			4	8
	5	2	4	1				
4	1		9	8	6		3	
		9			2			6
2		4				9		
	7		3		8			5

Puzzle #84

9x9 Sudoku

		2						
		3		4	7	5		1
8			2	5				9
7			5	1	6		9	3
				3	9		7	2
		1	7			4		5
1	4			8	2	3		
6			3	9				
	3	5					8	

Puzzle #85

9x9 Sudoku

6	8		1	3			7	4
3	2			9	4	1	6	
	4	7					9	3
	5	4	2		6	3	8	
7					3			
						7	4	
		2						6
	7	1		8		9		
	9					4	5	7

Puzzle #86

9x9 Sudoku

6		5	3					
2	4		5					9
	9		1		6		4	3
	8	6					7	
		1	4	7	3		8	6
						2		5
					8		3	
1			9		2	6	5	
4			7	3		8	9	

Puzzle #87

9x9 Sudoku

		5		4				7
	8	9			7	3		
	6	1	2	3		4		5
				9	3			
			4			2		
9			7		5		6	1
	4	3			8	1		2
	5	8		6			9	
1		7			2	6		

Puzzle #88

9x9 Sudoku

2				5			6	9
7	9	3	1	2	6			
8	5		4				7	
5		9	6		1			3
		7		8	2			4
	2				5			
	3			7	4	2	9	1
			2				3	
	7				9	4		8

Puzzle #89

9x9 Sudoku

						2	5	
7		4			8			
	9		6			1		
	8		9				4	1
	2	6	5	8			3	9
4		9		7	3		6	2
				2				
8	7	1	3	4	9	6		
9					5	4		3

Puzzle #90

9x9 Sudoku

			6	8	3	7	5	
5			9		1		4	6
				7				9
9			7					4
8	5		2			3	6	
3					8	5	9	2
		2					1	5
	8	9		5	2			3
4		5				9		8

Puzzle #91

9x9 Sudoku

					7			9
3			6	8				
				4	9		3	1
5	1	8			4			6
	4			9	6		1	
			1	2			4	
8		1	4		3		6	
		7		1		3		8
	9	3	5		8			

Puzzle #92

9x9 Sudoku

6			3		4	1		2
		9	7					5
2	3		9	1			7	4
			2			6	3	1
	4			7			5	8
8	6	1						7
				2		5		
5	9	4					8	
1			8	6		7		9

Puzzle #93

9x9 Sudoku

7	5	8	3	6				
6		2	1	9		7		3
	9		8					
2	3				6		4	8
4	6	5	2	8				7
	1					2		
					8	4	3	
	8			4		5	1	6
5	2						7	

Puzzle #94

9x9 Sudoku

	5	4	3		9		7	
			2	7	5			
				6	4			
5	9	1		3	6	2	8	
6		8			1	3		
				8		6		5
			4	9				
7		3	1					9
	8	2	6	5	7		3	

Puzzle #95

9x9 Sudoku

	2	8	9			7		1
		7			1			4
9				4	8	5	2	6
					3		4	8
6		9	8		2			
	1					2	6	
3	7	5		8				
				2				7
2			5	7	4		1	3

Puzzle #96

9x9 Sudoku

7		6			4			2
		5		8		3		9
8		3		5		4	1	7
	8			6				1
1			8					
6					5	8	3	
		2	3	1	8		9	
5		1	2	9		7		
9	6						2	

Puzzle #97

9x9 Sudoku

9	3				5	7	2	
				8				5
	8	4			6			
6	1		8			2	5	7
			2	6	1		9	4
		2		7	9			
8	2		6	9	7			3
	9		3					6
4		3	1					

Puzzle #98

9x9 Sudoku

								5
		6		1	5			
2		3			6	7	9	
	1		3			4		9
6		5	9	4		3		7
	9				8			
		7			4	8	1	2
			8	5		9		4
	8	9		2	7			

Puzzle #99

9x9 Sudoku

			5		8	9		
8	4	7		9		5		1
9	5				7		8	
				6			3	2
7		2			1	8		
1						6		
			9			2		
2	1	8	6	5	3			
	7		1	8	2		5	6

Puzzle #100

9x9 Sudoku

8	6	5	9	2	1	7		
1	9	4		3	5			
2		3						
				8	9			
7		6	3					9
9	1	8	4					5
3		1		9	4		6	
		7		1		2		
	5	9			3		4	

Puzzle #1

6	4	7	8	5	1	9	3	2
1	9	3	6	4	2	5	7	8
2	5	8	9	3	7	6	1	4
4	1	2	3	9	6	8	5	7
8	7	9	5	1	4	3	2	6
5	3	6	2	7	8	1	4	9
3	8	4	7	6	5	2	9	1
9	2	1	4	8	3	7	6	5
7	6	5	1	2	9	4	8	3

Puzzle #2

1	4	9	2	6	8	3	7	5
5	7	3	9	4	1	2	6	8
8	2	6	7	5	3	9	4	1
3	6	7	5	1	2	4	8	9
4	9	5	8	7	6	1	3	2
2	8	1	4	3	9	7	5	6
7	1	4	6	2	5	8	9	3
9	5	2	3	8	7	6	1	4
6	3	8	1	9	4	5	2	7

Puzzle #3

5	8	2	3	4	1	9	6	7
9	6	1	8	5	7	3	4	2
7	4	3	9	6	2	5	1	8
1	9	8	5	7	3	6	2	4
4	3	6	1	2	9	8	7	5
2	5	7	6	8	4	1	9	3
8	1	4	2	9	5	7	3	6
3	7	5	4	1	6	2	8	9
6	2	9	7	3	8	4	5	1

Puzzle #4

7	9	5	3	1	4	2	6	8
2	8	6	9	5	7	1	4	3
3	4	1	6	2	8	7	5	9
9	6	4	1	7	5	8	3	2
1	7	2	8	4	3	6	9	5
8	5	3	2	6	9	4	7	1
5	2	7	4	3	1	9	8	6
6	3	8	7	9	2	5	1	4
4	1	9	5	8	6	3	2	7

Puzzle #5

2	6	1	9	4	8	3	7	5
9	3	5	2	6	7	1	8	4
8	4	7	5	3	1	2	9	6
7	1	8	3	2	4	6	5	9
4	2	6	1	9	5	8	3	7
3	5	9	8	7	6	4	2	1
5	7	3	4	1	2	9	6	8
1	8	2	6	5	9	7	4	3
6	9	4	7	8	3	5	1	2

Puzzle #6

9	3	8	5	1	2	4	6	7
4	2	7	6	9	3	5	8	1
5	1	6	7	8	4	3	2	9
6	8	1	3	7	9	2	4	5
3	5	4	2	6	1	7	9	8
2	7	9	4	5	8	1	3	6
1	6	2	9	3	7	8	5	4
7	4	5	8	2	6	9	1	3
8	9	3	1	4	5	6	7	2

Puzzle #7

1	2	9	3	4	6	8	5	7
6	8	4	7	1	5	9	3	2
5	7	3	2	9	8	4	6	1
4	6	2	9	7	3	5	1	8
7	3	5	8	6	1	2	9	4
9	1	8	4	5	2	6	7	3
2	5	1	6	8	7	3	4	9
8	4	7	5	3	9	1	2	6
3	9	6	1	2	4	7	8	5

Puzzle #8

1	2	5	6	8	9	4	3	7
6	7	3	1	2	4	9	8	5
4	9	8	7	5	3	6	2	1
7	8	6	9	4	5	2	1	3
5	3	1	2	7	6	8	4	9
9	4	2	8	3	1	7	5	6
2	6	4	3	1	7	5	9	8
8	1	7	5	9	2	3	6	4
3	5	9	4	6	8	1	7	2

Puzzle #9

8	1	7	9	2	5	4	6	3
3	5	2	8	4	6	1	7	9
9	6	4	1	3	7	8	5	2
7	4	1	3	5	9	6	2	8
6	3	9	2	7	8	5	1	4
5	2	8	4	6	1	9	3	7
4	8	3	5	1	2	7	9	6
2	7	5	6	9	4	3	8	1
1	9	6	7	8	3	2	4	5

Puzzle #10

7	3	2	8	5	9	4	6	1
5	8	1	4	3	6	2	7	9
9	6	4	2	1	7	5	8	3
8	2	3	5	6	1	7	9	4
6	4	9	3	7	8	1	2	5
1	5	7	9	4	2	8	3	6
2	9	5	1	8	3	6	4	7
3	1	6	7	2	4	9	5	8
4	7	8	6	9	5	3	1	2

Puzzle #11

8	9	4	1	6	5	2	7	3
6	2	7	9	8	3	5	4	1
3	5	1	2	4	7	8	9	6
1	3	9	4	5	2	7	6	8
5	7	2	8	1	6	4	3	9
4	8	6	3	7	9	1	5	2
2	1	5	6	9	4	3	8	7
9	4	3	7	2	8	6	1	5
7	6	8	5	3	1	9	2	4

Puzzle #12

7	1	8	6	3	4	9	2	5
6	4	3	5	9	2	8	7	1
2	5	9	1	7	8	4	3	6
4	2	6	7	5	9	1	8	3
1	9	7	3	8	6	5	4	2
8	3	5	2	4	1	6	9	7
3	7	4	9	1	5	2	6	8
5	8	2	4	6	3	7	1	9
9	6	1	8	2	7	3	5	4

Puzzle #13

9	4	8	6	3	2	1	7	5
3	6	1	8	7	5	4	9	2
7	2	5	4	9	1	8	3	6
4	3	7	2	6	8	9	5	1
5	1	2	3	4	9	7	6	8
6	8	9	5	1	7	2	4	3
2	9	3	1	5	4	6	8	7
8	5	4	7	2	6	3	1	9
1	7	6	9	8	3	5	2	4

Puzzle #14

3	5	2	4	8	1	9	6	7
8	1	7	6	2	9	3	5	4
6	4	9	5	3	7	8	1	2
4	9	6	8	7	5	2	3	1
7	2	8	1	6	3	4	9	5
5	3	1	9	4	2	7	8	6
1	7	5	3	9	4	6	2	8
2	6	3	7	1	8	5	4	9
9	8	4	2	5	6	1	7	3

Puzzle #15

3	7	6	1	4	8	9	2	5
9	8	1	5	3	2	4	7	6
4	5	2	6	7	9	8	3	1
5	1	4	8	2	6	3	9	7
8	2	7	3	9	5	1	6	4
6	9	3	4	1	7	5	8	2
2	3	8	7	5	1	6	4	9
1	6	9	2	8	4	7	5	3
7	4	5	9	6	3	2	1	8

Puzzle #16

2	5	9	6	8	7	4	1	3
8	1	3	4	5	9	6	2	7
4	6	7	2	1	3	9	8	5
7	4	2	9	6	5	1	3	8
1	3	6	7	2	8	5	4	9
5	9	8	1	3	4	2	7	6
9	8	1	3	4	6	7	5	2
6	2	5	8	7	1	3	9	4
3	7	4	5	9	2	8	6	1

Puzzle #17

8	2	7	3	5	4	1	6	9
9	5	3	2	1	6	8	7	4
6	1	4	7	8	9	5	2	3
1	4	2	6	7	3	9	5	8
7	8	6	5	9	1	3	4	2
3	9	5	8	4	2	7	1	6
5	6	9	4	3	7	2	8	1
4	7	1	9	2	8	6	3	5
2	3	8	1	6	5	4	9	7

Puzzle #18

5	8	6	7	3	4	9	1	2
7	1	4	9	2	6	3	8	5
9	2	3	8	5	1	4	7	6
6	3	8	5	4	7	2	9	1
1	4	9	2	8	3	5	6	7
2	7	5	6	1	9	8	3	4
4	9	1	3	7	5	6	2	8
8	6	7	4	9	2	1	5	3
3	5	2	1	6	8	7	4	9

Puzzle #19

2	1	4	7	5	9	6	8	3
7	6	3	1	4	8	5	9	2
8	9	5	3	2	6	4	1	7
6	2	7	8	3	4	1	5	9
3	8	1	9	6	5	7	2	4
5	4	9	2	1	7	3	6	8
9	7	6	5	8	3	2	4	1
1	5	8	4	7	2	9	3	6
4	3	2	6	9	1	8	7	5

Puzzle #20

5	7	9	2	3	1	6	8	4
3	6	1	8	4	7	2	9	5
8	2	4	6	5	9	7	3	1
9	4	5	1	8	2	3	6	7
1	8	7	3	9	6	5	4	2
2	3	6	4	7	5	9	1	8
7	1	2	9	6	8	4	5	3
6	5	3	7	1	4	8	2	9
4	9	8	5	2	3	1	7	6

Puzzle #21

4	2	3	1	8	9	6	7	5
5	7	1	2	3	6	9	4	8
8	9	6	4	7	5	1	3	2
9	8	5	6	4	3	7	2	1
7	3	2	5	1	8	4	6	9
1	6	4	7	9	2	5	8	3
2	5	7	3	6	1	8	9	4
6	1	8	9	2	4	3	5	7
3	4	9	8	5	7	2	1	6

Puzzle #22

1	9	6	3	8	5	2	7	4
3	5	8	4	7	2	1	6	9
4	2	7	9	6	1	5	8	3
5	7	2	8	3	9	6	4	1
8	1	4	6	5	7	3	9	2
6	3	9	2	1	4	8	5	7
2	8	5	7	9	3	4	1	6
9	6	3	1	4	8	7	2	5
7	4	1	5	2	6	9	3	8

Puzzle #23

9	4	2	5	6	8	3	7	1
7	1	3	9	2	4	6	5	8
5	6	8	1	3	7	4	2	9
3	2	4	8	7	9	1	6	5
1	5	7	6	4	3	8	9	2
6	8	9	2	5	1	7	3	4
8	3	1	7	9	2	5	4	6
2	7	5	4	8	6	9	1	3
4	9	6	3	1	5	2	8	7

Puzzle #24

9	5	8	4	2	6	7	1	3
1	2	4	3	8	7	6	9	5
3	6	7	9	1	5	8	4	2
2	1	3	5	6	8	9	7	4
4	9	6	2	7	3	1	5	8
8	7	5	1	4	9	2	3	6
5	8	2	7	3	1	4	6	9
6	3	1	8	9	4	5	2	7
7	4	9	6	5	2	3	8	1

Puzzle #25

4	9	5	3	7	8	6	2	1
8	7	3	6	2	1	5	4	9
2	6	1	4	5	9	7	8	3
6	3	7	8	4	5	1	9	2
5	1	4	9	3	2	8	7	6
9	8	2	1	6	7	4	3	5
3	2	8	7	1	6	9	5	4
1	4	9	5	8	3	2	6	7
7	5	6	2	9	4	3	1	8

Puzzle #26

7	5	3	1	8	4	6	2	9
8	6	1	3	2	9	7	5	4
4	9	2	6	5	7	3	8	1
6	3	8	9	1	5	4	7	2
9	2	4	8	7	6	5	1	3
5	1	7	2	4	3	9	6	8
1	4	6	5	9	8	2	3	7
3	8	9	7	6	2	1	4	5
2	7	5	4	3	1	8	9	6

Puzzle #27

1	9	6	5	7	3	2	4	8
5	3	7	8	2	4	9	6	1
2	8	4	9	1	6	7	5	3
6	1	3	4	8	2	5	7	9
8	4	9	7	6	5	3	1	2
7	5	2	3	9	1	6	8	4
3	6	5	2	4	8	1	9	7
4	7	1	6	3	9	8	2	5
9	2	8	1	5	7	4	3	6

Puzzle #28

7	2	4	8	3	6	5	1	9
6	1	5	4	9	7	3	8	2
3	9	8	5	2	1	7	4	6
9	5	3	6	8	4	2	7	1
4	8	1	3	7	2	9	6	5
2	6	7	9	1	5	4	3	8
1	7	9	2	6	3	8	5	4
5	3	2	1	4	8	6	9	7
8	4	6	7	5	9	1	2	3

Puzzle #29

4	9	3	1	8	6	2	5	7
2	5	7	4	3	9	1	8	6
1	6	8	2	7	5	4	9	3
5	1	2	7	9	4	6	3	8
7	4	6	3	5	8	9	2	1
3	8	9	6	1	2	7	4	5
6	7	4	8	2	3	5	1	9
9	3	1	5	4	7	8	6	2
8	2	5	9	6	1	3	7	4

Puzzle #30

4	3	1	2	9	5	8	7	6
9	5	6	8	4	7	3	1	2
7	8	2	6	1	3	4	5	9
6	7	4	9	2	8	5	3	1
5	1	8	4	3	6	9	2	7
3	2	9	7	5	1	6	8	4
1	9	7	3	8	4	2	6	5
2	6	3	5	7	9	1	4	8
8	4	5	1	6	2	7	9	3

Puzzle #31

2	8	1	4	7	5	9	6	3
6	9	5	2	8	3	1	7	4
3	4	7	9	6	1	8	2	5
1	5	3	7	2	4	6	9	8
8	6	2	5	1	9	3	4	7
9	7	4	8	3	6	2	5	1
5	1	8	6	9	7	4	3	2
7	2	6	3	4	8	5	1	9
4	3	9	1	5	2	7	8	6

Puzzle #32

6	5	2	7	9	3	1	8	4
9	7	8	4	5	1	3	2	6
3	1	4	2	8	6	9	5	7
1	2	9	3	7	5	4	6	8
5	8	7	1	6	4	2	9	3
4	6	3	9	2	8	5	7	1
8	3	5	6	1	9	7	4	2
7	4	6	5	3	2	8	1	9
2	9	1	8	4	7	6	3	5

Puzzle #33

3	4	9	7	8	5	6	2	1
7	8	1	2	6	9	4	5	3
6	2	5	1	4	3	8	7	9
9	3	7	4	5	1	2	8	6
1	6	8	9	7	2	3	4	5
4	5	2	8	3	6	9	1	7
8	1	6	5	9	4	7	3	2
5	9	4	3	2	7	1	6	8
2	7	3	6	1	8	5	9	4

Puzzle #34

9	4	7	6	2	5	1	3	8
3	2	6	8	1	9	4	7	5
8	5	1	3	7	4	2	9	6
2	6	9	7	8	1	3	5	4
7	3	8	4	5	6	9	2	1
5	1	4	9	3	2	6	8	7
6	7	3	2	4	8	5	1	9
4	8	5	1	9	3	7	6	2
1	9	2	5	6	7	8	4	3

Puzzle #35

9	7	8	2	1	6	3	4	5
6	3	1	8	5	4	7	9	2
5	2	4	9	7	3	1	8	6
8	1	7	4	2	9	5	6	3
2	4	6	5	3	7	9	1	8
3	9	5	1	6	8	4	2	7
4	6	3	7	8	1	2	5	9
7	5	9	6	4	2	8	3	1
1	8	2	3	9	5	6	7	4

Puzzle #36

4	5	9	1	8	2	6	3	7
2	7	3	9	5	6	8	1	4
1	8	6	7	3	4	5	2	9
6	1	7	4	2	9	3	5	8
3	4	8	6	1	5	9	7	2
5	9	2	3	7	8	4	6	1
9	3	1	5	4	7	2	8	6
8	6	5	2	9	1	7	4	3
7	2	4	8	6	3	1	9	5

Puzzle #37

3	7	1	8	9	4	6	2	5
2	8	4	6	7	5	1	3	9
9	5	6	1	3	2	7	8	4
1	6	5	3	4	9	8	7	2
4	3	7	2	1	8	9	5	6
8	2	9	7	5	6	3	4	1
6	9	3	4	2	7	5	1	8
5	1	2	9	8	3	4	6	7
7	4	8	5	6	1	2	9	3

Puzzle #38

5	6	3	2	7	1	9	8	4
9	4	7	5	3	8	1	6	2
1	2	8	4	9	6	3	5	7
4	7	2	3	1	5	6	9	8
8	9	5	6	4	2	7	3	1
6	3	1	9	8	7	2	4	5
3	1	9	7	5	4	8	2	6
2	8	4	1	6	3	5	7	9
7	5	6	8	2	9	4	1	3

Puzzle #39

4	7	6	1	3	9	2	5	8
8	5	2	4	7	6	9	3	1
1	3	9	8	5	2	6	4	7
5	6	1	9	8	3	4	7	2
3	2	7	5	6	4	8	1	9
9	8	4	7	2	1	5	6	3
6	4	3	2	1	8	7	9	5
7	1	8	6	9	5	3	2	4
2	9	5	3	4	7	1	8	6

Puzzle #40

8	4	5	2	6	7	9	1	3
3	6	7	1	9	5	8	4	2
2	1	9	8	4	3	7	5	6
1	9	3	5	7	6	2	8	4
5	2	4	9	1	8	6	3	7
7	8	6	3	2	4	1	9	5
4	5	1	7	8	2	3	6	9
9	3	2	6	5	1	4	7	8
6	7	8	4	3	9	5	2	1

Puzzle #41

1	9	5	7	8	6	4	2	3
2	4	8	5	3	9	7	6	1
3	7	6	1	4	2	8	5	9
5	2	9	4	7	3	1	8	6
4	3	7	6	1	8	2	9	5
6	8	1	9	2	5	3	7	4
7	5	3	2	9	4	6	1	8
9	1	4	8	6	7	5	3	2
8	6	2	3	5	1	9	4	7

Puzzle #42

3	4	5	8	9	6	1	7	2
1	9	7	4	5	2	8	6	3
6	8	2	3	1	7	5	4	9
9	3	4	6	8	5	7	2	1
2	1	8	7	3	4	6	9	5
5	7	6	9	2	1	3	8	4
7	5	1	2	6	9	4	3	8
8	6	9	5	4	3	2	1	7
4	2	3	1	7	8	9	5	6

Puzzle #43

4	2	6	5	7	3	8	1	9
1	5	7	8	9	2	6	3	4
3	8	9	1	6	4	5	2	7
6	9	8	7	3	5	1	4	2
5	7	1	2	4	6	9	8	3
2	3	4	9	1	8	7	5	6
7	1	2	4	8	9	3	6	5
8	6	5	3	2	7	4	9	1
9	4	3	6	5	1	2	7	8

Puzzle #44

1	8	7	6	4	3	9	5	2
9	3	5	7	8	2	6	4	1
6	2	4	1	5	9	7	8	3
4	5	9	2	3	7	8	1	6
8	7	2	4	6	1	3	9	5
3	6	1	5	9	8	4	2	7
2	9	8	3	7	5	1	6	4
5	4	3	9	1	6	2	7	8
7	1	6	8	2	4	5	3	9

Puzzle #45

2	3	7	4	6	9	1	8	5
6	8	9	2	1	5	3	7	4
1	5	4	3	7	8	9	2	6
5	4	8	1	9	2	6	3	7
7	6	3	8	5	4	2	1	9
9	1	2	7	3	6	4	5	8
4	9	1	5	2	7	8	6	3
3	7	6	9	8	1	5	4	2
8	2	5	6	4	3	7	9	1

Puzzle #46

6	9	4	8	7	5	2	1	3
7	8	3	2	1	9	6	4	5
1	5	2	6	4	3	9	8	7
3	6	5	4	8	1	7	9	2
2	1	8	3	9	7	4	5	6
4	7	9	5	6	2	8	3	1
5	2	7	9	3	4	1	6	8
9	3	6	1	2	8	5	7	4
8	4	1	7	5	6	3	2	9

Puzzle #47

2	3	8	7	4	5	6	9	1
7	9	4	1	3	6	2	8	5
1	5	6	2	9	8	4	7	3
3	6	5	4	2	7	8	1	9
9	2	7	8	5	1	3	4	6
4	8	1	3	6	9	5	2	7
8	4	9	6	1	3	7	5	2
5	7	3	9	8	2	1	6	4
6	1	2	5	7	4	9	3	8

Puzzle #48

8	1	6	7	4	2	5	3	9
5	7	2	9	1	3	8	6	4
9	3	4	6	5	8	7	1	2
7	4	9	5	3	1	2	8	6
6	2	3	4	8	9	1	5	7
1	5	8	2	7	6	9	4	3
3	9	1	8	2	4	6	7	5
2	8	5	3	6	7	4	9	1
4	6	7	1	9	5	3	2	8

Puzzle #49

8	1	6	9	7	5	4	3	2
9	7	4	6	3	2	1	5	8
5	2	3	8	1	4	7	6	9
1	5	7	3	2	9	6	8	4
4	3	9	1	8	6	5	2	7
2	6	8	4	5	7	3	9	1
3	4	5	7	9	8	2	1	6
7	8	1	2	6	3	9	4	5
6	9	2	5	4	1	8	7	3

Puzzle #50

5	4	3	8	9	1	2	6	7
8	6	9	2	7	3	4	5	1
7	2	1	4	6	5	9	8	3
1	9	6	7	3	8	5	2	4
4	5	7	1	2	6	8	3	9
3	8	2	9	5	4	1	7	6
2	7	5	6	4	9	3	1	8
6	1	4	3	8	2	7	9	5
9	3	8	5	1	7	6	4	2

Puzzle #51

9	5	3	1	4	6	8	2	7
6	1	4	8	7	2	9	3	5
7	8	2	3	5	9	1	4	6
3	6	1	9	2	4	5	7	8
5	4	8	7	6	3	2	1	9
2	7	9	5	1	8	4	6	3
4	3	5	2	8	7	6	9	1
1	2	7	6	9	5	3	8	4
8	9	6	4	3	1	7	5	2

Puzzle #52

1	3	4	8	2	5	6	9	7
2	9	8	7	1	6	3	5	4
6	5	7	9	3	4	8	1	2
3	6	9	4	8	1	7	2	5
7	4	5	2	6	9	1	8	3
8	2	1	3	5	7	9	4	6
4	8	6	1	7	2	5	3	9
5	1	2	6	9	3	4	7	8
9	7	3	5	4	8	2	6	1

Puzzle #53

7	9	8	4	1	2	3	6	5
1	6	3	9	5	7	4	2	8
2	4	5	3	6	8	7	1	9
9	5	7	2	8	6	1	4	3
3	8	6	1	7	4	9	5	2
4	2	1	5	3	9	6	8	7
6	3	4	7	2	5	8	9	1
8	7	2	6	9	1	5	3	4
5	1	9	8	4	3	2	7	6

Puzzle #54

3	9	6	4	1	2	5	7	8
1	7	5	3	9	8	2	4	6
8	2	4	6	7	5	9	1	3
7	8	1	9	2	4	3	6	5
5	6	9	8	3	1	4	2	7
2	4	3	7	5	6	8	9	1
6	1	2	5	8	9	7	3	4
9	3	8	1	4	7	6	5	2
4	5	7	2	6	3	1	8	9

Puzzle #55

5	8	4	6	7	9	3	2	1
3	1	7	5	4	2	8	9	6
2	9	6	8	1	3	5	4	7
8	5	2	7	9	1	6	3	4
7	6	3	2	5	4	1	8	9
1	4	9	3	8	6	2	7	5
4	7	5	1	3	8	9	6	2
6	3	1	9	2	7	4	5	8
9	2	8	4	6	5	7	1	3

Puzzle #56

4	3	5	2	8	7	6	9	1
2	7	8	1	9	6	3	5	4
1	6	9	5	4	3	2	8	7
9	4	2	8	1	5	7	6	3
8	5	3	6	7	4	9	1	2
6	1	7	3	2	9	5	4	8
5	8	4	7	6	2	1	3	9
3	2	1	9	5	8	4	7	6
7	9	6	4	3	1	8	2	5

Puzzle #57

7	2	9	6	4	8	5	3	1
1	4	8	2	3	5	7	9	6
5	6	3	7	1	9	8	4	2
2	1	6	5	9	4	3	7	8
3	5	4	1	8	7	2	6	9
9	8	7	3	2	6	4	1	5
8	3	1	9	7	2	6	5	4
4	7	5	8	6	1	9	2	3
6	9	2	4	5	3	1	8	7

Puzzle #58

4	3	7	9	6	5	1	8	2
5	8	6	1	2	7	4	3	9
1	9	2	8	4	3	5	6	7
3	2	1	6	9	8	7	4	5
9	6	4	5	7	2	8	1	3
7	5	8	3	1	4	9	2	6
8	1	9	2	5	6	3	7	4
6	7	5	4	3	1	2	9	8
2	4	3	7	8	9	6	5	1

Puzzle #59

2	5	6	9	4	1	3	8	7
8	7	1	2	5	3	4	6	9
9	3	4	6	8	7	5	2	1
3	8	5	1	7	6	2	9	4
4	2	7	5	3	9	6	1	8
1	6	9	8	2	4	7	3	5
5	4	8	3	1	2	9	7	6
6	1	3	7	9	5	8	4	2
7	9	2	4	6	8	1	5	3

Puzzle #60

1	6	9	5	7	3	2	8	4
5	7	8	4	2	1	9	6	3
4	3	2	6	8	9	1	5	7
6	1	4	8	3	7	5	2	9
2	8	5	9	1	4	7	3	6
3	9	7	2	5	6	8	4	1
7	2	3	1	6	8	4	9	5
8	4	6	7	9	5	3	1	2
9	5	1	3	4	2	6	7	8

Puzzle #61

3	9	6	8	7	4	2	5	1
8	1	5	6	2	9	3	7	4
4	7	2	5	3	1	8	9	6
6	4	3	9	5	2	1	8	7
2	5	7	4	1	8	6	3	9
9	8	1	7	6	3	5	4	2
7	2	8	1	4	5	9	6	3
1	6	9	3	8	7	4	2	5
5	3	4	2	9	6	7	1	8

Puzzle #62

5	1	2	8	9	3	4	6	7
7	9	4	2	6	5	8	1	3
8	6	3	4	7	1	5	2	9
1	5	6	9	3	8	2	7	4
2	4	7	1	5	6	9	3	8
3	8	9	7	4	2	6	5	1
6	7	8	3	2	9	1	4	5
4	2	1	5	8	7	3	9	6
9	3	5	6	1	4	7	8	2

Puzzle #63

2	9	5	6	1	8	3	7	4
7	4	3	2	9	5	6	8	1
6	8	1	3	7	4	2	9	5
1	6	2	8	3	7	5	4	9
4	5	8	9	6	2	1	3	7
3	7	9	5	4	1	8	2	6
5	3	4	1	2	9	7	6	8
8	2	7	4	5	6	9	1	3
9	1	6	7	8	3	4	5	2

Puzzle #64

1	3	8	4	7	2	5	6	9
9	7	5	8	3	6	1	4	2
4	2	6	1	5	9	8	7	3
7	6	4	2	1	8	9	3	5
3	5	2	9	6	7	4	1	8
8	9	1	3	4	5	6	2	7
5	1	9	6	2	3	7	8	4
6	8	3	7	9	4	2	5	1
2	4	7	5	8	1	3	9	6

Puzzle #65

4	1	3	8	5	6	2	9	7
8	7	9	1	3	2	5	6	4
5	6	2	7	4	9	3	1	8
3	5	1	2	9	4	7	8	6
6	2	7	5	8	1	9	4	3
9	8	4	3	6	7	1	2	5
2	4	5	9	7	8	6	3	1
1	3	8	6	2	5	4	7	9
7	9	6	4	1	3	8	5	2

Puzzle #66

9	4	2	6	5	8	1	7	3
8	7	1	9	2	3	6	4	5
3	5	6	1	4	7	2	9	8
5	1	8	2	9	4	7	3	6
2	3	9	7	1	6	5	8	4
4	6	7	8	3	5	9	2	1
1	8	3	5	7	2	4	6	9
6	2	5	4	8	9	3	1	7
7	9	4	3	6	1	8	5	2

Puzzle #67

7	9	3	2	5	4	8	6	1
5	2	8	1	3	6	7	4	9
6	4	1	7	9	8	3	2	5
1	6	9	5	7	2	4	3	8
2	8	4	3	6	9	1	5	7
3	7	5	4	8	1	6	9	2
9	3	2	8	4	7	5	1	6
8	5	6	9	1	3	2	7	4
4	1	7	6	2	5	9	8	3

Puzzle #68

4	1	3	6	5	7	2	9	8
8	6	2	3	1	9	5	4	7
7	5	9	2	4	8	3	6	1
2	8	1	4	7	6	9	3	5
6	7	4	5	9	3	1	8	2
9	3	5	1	8	2	6	7	4
5	9	8	7	6	1	4	2	3
3	4	6	8	2	5	7	1	9
1	2	7	9	3	4	8	5	6

Puzzle #69

2	5	4	9	6	3	7	8	1
7	6	3	5	8	1	4	9	2
9	1	8	4	2	7	6	3	5
5	7	2	8	9	6	3	1	4
6	4	1	3	7	2	9	5	8
3	8	9	1	5	4	2	7	6
8	2	6	7	1	9	5	4	3
1	3	7	2	4	5	8	6	9
4	9	5	6	3	8	1	2	7

Puzzle #70

9	2	1	7	6	4	5	3	8
8	5	4	3	9	2	7	6	1
3	7	6	5	1	8	9	4	2
5	4	2	9	3	1	6	8	7
7	3	9	6	8	5	2	1	4
6	1	8	2	4	7	3	5	9
4	6	7	1	2	3	8	9	5
2	8	3	4	5	9	1	7	6
1	9	5	8	7	6	4	2	3

Puzzle #71

5	4	3	9	8	1	7	2	6
2	9	7	4	3	6	1	5	8
6	1	8	2	5	7	9	3	4
8	6	9	3	7	2	4	1	5
1	7	4	5	6	8	3	9	2
3	2	5	1	4	9	8	6	7
9	5	6	8	1	4	2	7	3
4	3	2	7	9	5	6	8	1
7	8	1	6	2	3	5	4	9

Puzzle #72

3	2	5	8	9	4	1	7	6
7	6	9	5	1	3	2	8	4
4	1	8	7	2	6	3	5	9
5	3	6	9	4	7	8	2	1
2	7	1	6	5	8	9	4	3
8	9	4	2	3	1	7	6	5
9	5	3	4	7	2	6	1	8
6	4	2	1	8	9	5	3	7
1	8	7	3	6	5	4	9	2

Puzzle #73

9	4	7	6	1	8	3	2	5
3	1	5	4	9	2	8	7	6
8	6	2	3	7	5	1	9	4
4	5	3	7	6	1	9	8	2
2	7	6	5	8	9	4	3	1
1	8	9	2	4	3	5	6	7
5	2	8	1	3	7	6	4	9
6	3	1	9	2	4	7	5	8
7	9	4	8	5	6	2	1	3

Puzzle #74

2	4	3	9	8	6	7	1	5
5	6	9	7	1	4	2	8	3
7	1	8	3	5	2	6	4	9
4	7	2	6	9	1	5	3	8
9	3	6	5	2	8	1	7	4
8	5	1	4	3	7	9	6	2
1	9	4	2	7	3	8	5	6
6	2	7	8	4	5	3	9	1
3	8	5	1	6	9	4	2	7

Puzzle #75

5	7	3	6	4	2	9	8	1
8	1	4	7	3	9	5	2	6
9	6	2	8	5	1	4	7	3
4	5	8	9	1	7	6	3	2
2	9	7	4	6	3	1	5	8
6	3	1	2	8	5	7	4	9
1	2	6	5	7	8	3	9	4
7	4	9	3	2	6	8	1	5
3	8	5	1	9	4	2	6	7

Puzzle #76

4	2	8	1	5	6	7	9	3
5	6	1	9	7	3	2	8	4
3	7	9	4	8	2	1	6	5
9	1	5	6	2	7	4	3	8
2	3	6	8	4	1	5	7	9
8	4	7	3	9	5	6	1	2
1	5	4	7	3	8	9	2	6
7	9	3	2	6	4	8	5	1
6	8	2	5	1	9	3	4	7

Puzzle #77

8	5	1	7	3	4	6	9	2
7	6	4	2	9	1	5	8	3
2	3	9	5	6	8	7	1	4
1	4	3	6	7	5	8	2	9
9	2	5	8	4	3	1	6	7
6	7	8	1	2	9	4	3	5
4	1	7	9	8	2	3	5	6
3	8	2	4	5	6	9	7	1
5	9	6	3	1	7	2	4	8

Puzzle #78

2	8	6	3	1	4	5	7	9
4	7	5	8	9	2	6	1	3
1	9	3	5	7	6	2	4	8
8	6	2	9	4	5	1	3	7
3	4	1	7	6	8	9	5	2
7	5	9	1	2	3	8	6	4
5	2	8	6	3	7	4	9	1
9	3	4	2	5	1	7	8	6
6	1	7	4	8	9	3	2	5

Puzzle #79

5	2	9	8	4	7	6	3	1
3	7	6	5	1	9	2	8	4
8	4	1	3	6	2	7	9	5
6	1	5	2	9	8	3	4	7
7	9	2	4	3	5	8	1	6
4	8	3	1	7	6	9	5	2
2	3	8	7	5	1	4	6	9
9	5	7	6	8	4	1	2	3
1	6	4	9	2	3	5	7	8

Puzzle #80

7	2	1	3	6	9	4	8	5
3	5	8	1	2	4	7	9	6
4	6	9	8	7	5	3	1	2
8	4	3	7	5	1	6	2	9
5	1	6	9	4	2	8	3	7
2	9	7	6	8	3	1	5	4
1	8	5	4	9	6	2	7	3
9	3	4	2	1	7	5	6	8
6	7	2	5	3	8	9	4	1

Puzzle #81

1	3	7	6	2	5	9	8	4
4	6	8	3	7	9	5	2	1
2	9	5	8	4	1	3	6	7
9	2	1	4	3	7	6	5	8
5	7	3	9	6	8	4	1	2
8	4	6	5	1	2	7	3	9
3	8	4	2	9	6	1	7	5
6	1	2	7	5	4	8	9	3
7	5	9	1	8	3	2	4	6

Puzzle #82

9	5	1	6	2	3	4	7	8
4	3	7	1	9	8	5	2	6
8	6	2	4	7	5	1	9	3
6	4	9	5	8	1	2	3	7
7	1	3	9	6	2	8	4	5
5	2	8	3	4	7	9	6	1
2	9	5	8	3	6	7	1	4
3	8	4	7	1	9	6	5	2
1	7	6	2	5	4	3	8	9

Puzzle #83

3	6	1	7	5	4	2	8	9
7	4	8	2	6	9	3	5	1
9	2	5	8	3	1	7	6	4
6	9	3	5	2	7	1	4	8
8	5	2	4	1	3	6	9	7
4	1	7	9	8	6	5	3	2
5	3	9	1	4	2	8	7	6
2	8	4	6	7	5	9	1	3
1	7	6	3	9	8	4	2	5

Puzzle #84

4	5	2	9	6	1	7	3	8
9	6	3	8	4	7	5	2	1
8	1	7	2	5	3	6	4	9
7	2	4	5	1	6	8	9	3
5	8	6	4	3	9	1	7	2
3	9	1	7	2	8	4	6	5
1	4	9	6	8	2	3	5	7
6	7	8	3	9	5	2	1	4
2	3	5	1	7	4	9	8	6

Puzzle #85

6	8	9	1	3	2	5	7	4
3	2	5	7	9	4	1	6	8
1	4	7	5	6	8	2	9	3
9	5	4	2	7	6	3	8	1
7	1	8	4	5	3	6	2	9
2	6	3	8	1	9	7	4	5
5	3	2	9	4	7	8	1	6
4	7	1	6	8	5	9	3	2
8	9	6	3	2	1	4	5	7

Puzzle #86

6	1	5	3	9	4	7	2	8
2	4	3	5	8	7	1	6	9
8	9	7	1	2	6	5	4	3
9	8	6	2	5	1	3	7	4
5	2	1	4	7	3	9	8	6
3	7	4	8	6	9	2	1	5
7	5	9	6	1	8	4	3	2
1	3	8	9	4	2	6	5	7
4	6	2	7	3	5	8	9	1

Puzzle #87

3	2	5	8	4	6	9	1	7
4	8	9	5	1	7	3	2	6
7	6	1	2	3	9	4	8	5
8	1	2	6	9	3	5	7	4
5	7	6	4	8	1	2	3	9
9	3	4	7	2	5	8	6	1
6	4	3	9	7	8	1	5	2
2	5	8	1	6	4	7	9	3
1	9	7	3	5	2	6	4	8

Puzzle #88

2	1	4	8	5	7	3	6	9
7	9	3	1	2	6	8	4	5
8	5	6	4	9	3	1	7	2
5	8	9	6	4	1	7	2	3
3	6	7	9	8	2	5	1	4
4	2	1	7	3	5	9	8	6
6	3	8	5	7	4	2	9	1
9	4	5	2	1	8	6	3	7
1	7	2	3	6	9	4	5	8

Puzzle #89

6	3	8	4	9	1	2	5	7
7	1	4	2	5	8	3	9	6
2	9	5	6	3	7	1	8	4
3	8	7	9	6	2	5	4	1
1	2	6	5	8	4	7	3	9
4	5	9	1	7	3	8	6	2
5	4	3	7	2	6	9	1	8
8	7	1	3	4	9	6	2	5
9	6	2	8	1	5	4	7	3

Puzzle #90

2	9	4	6	8	3	7	5	1
5	7	3	9	2	1	8	4	6
6	1	8	5	7	4	2	3	9
9	2	6	7	3	5	1	8	4
8	5	1	2	4	9	3	6	7
3	4	7	1	6	8	5	9	2
7	3	2	8	9	6	4	1	5
1	8	9	4	5	2	6	7	3
4	6	5	3	1	7	9	2	8

Puzzle #91

1	2	4	3	5	7	6	8	9
3	7	9	6	8	1	4	2	5
6	8	5	2	4	9	7	3	1
5	1	8	7	3	4	2	9	6
7	4	2	8	9	6	5	1	3
9	3	6	1	2	5	8	4	7
8	5	1	4	7	3	9	6	2
4	6	7	9	1	2	3	5	8
2	9	3	5	6	8	1	7	4

Puzzle #92

6	7	8	3	5	4	1	9	2
4	1	9	7	8	2	3	6	5
2	3	5	9	1	6	8	7	4
9	5	7	2	4	8	6	3	1
3	4	2	6	7	1	9	5	8
8	6	1	5	9	3	4	2	7
7	8	6	4	2	9	5	1	3
5	9	4	1	3	7	2	8	6
1	2	3	8	6	5	7	4	9

Puzzle #93

7	5	8	3	6	4	9	2	1
6	4	2	1	9	5	7	8	3
3	9	1	8	2	7	6	5	4
2	3	9	5	7	6	1	4	8
4	6	5	2	8	1	3	9	7
8	1	7	4	3	9	2	6	5
1	7	6	9	5	8	4	3	2
9	8	3	7	4	2	5	1	6
5	2	4	6	1	3	8	7	9

Puzzle #94

2	5	4	3	1	9	8	7	6
8	1	6	2	7	5	9	4	3
3	7	9	8	6	4	1	5	2
5	9	1	7	3	6	2	8	4
6	2	8	5	4	1	3	9	7
4	3	7	9	8	2	6	1	5
1	6	5	4	9	3	7	2	8
7	4	3	1	2	8	5	6	9
9	8	2	6	5	7	4	3	1

Puzzle #95

4	2	8	9	6	5	7	3	1
5	6	7	2	3	1	9	8	4
9	3	1	7	4	8	5	2	6
7	5	2	6	9	3	1	4	8
6	4	9	8	1	2	3	7	5
8	1	3	4	5	7	2	6	9
3	7	5	1	8	6	4	9	2
1	8	4	3	2	9	6	5	7
2	9	6	5	7	4	8	1	3

Puzzle #96

7	1	6	9	3	4	5	8	2
2	4	5	7	8	1	3	6	9
8	9	3	6	5	2	4	1	7
3	8	7	4	6	9	2	5	1
1	5	4	8	2	3	9	7	6
6	2	9	1	7	5	8	3	4
4	7	2	3	1	8	6	9	5
5	3	1	2	9	6	7	4	8
9	6	8	5	4	7	1	2	3

Puzzle #97

9	3	6	4	1	5	7	2	8
2	7	1	9	8	3	6	4	5
5	8	4	7	2	6	1	3	9
6	1	9	8	3	4	2	5	7
7	5	8	2	6	1	3	9	4
3	4	2	5	7	9	8	6	1
8	2	5	6	9	7	4	1	3
1	9	7	3	4	2	5	8	6
4	6	3	1	5	8	9	7	2

Puzzle #98

8	7	1	2	3	9	6	4	5
9	4	6	7	1	5	2	3	8
2	5	3	4	8	6	7	9	1
7	1	8	3	6	2	4	5	9
6	2	5	9	4	1	3	8	7
3	9	4	5	7	8	1	2	6
5	3	7	6	9	4	8	1	2
1	6	2	8	5	3	9	7	4
4	8	9	1	2	7	5	6	3

Puzzle #99

3	2	1	5	4	8	9	6	7
8	4	7	3	9	6	5	2	1
9	5	6	2	1	7	4	8	3
5	8	4	7	6	9	1	3	2
7	6	2	4	3	1	8	9	5
1	9	3	8	2	5	6	7	4
6	3	5	9	7	4	2	1	8
2	1	8	6	5	3	7	4	9
4	7	9	1	8	2	3	5	6

Puzzle #100

8	6	5	9	2	1	7	3	4
1	9	4	7	3	5	6	8	2
2	7	3	6	4	8	9	5	1
5	3	2	1	8	9	4	7	6
7	4	6	3	5	2	8	1	9
9	1	8	4	6	7	3	2	5
3	2	1	8	9	4	5	6	7
4	8	7	5	1	6	2	9	3
6	5	9	2	7	3	1	4	8

www.ingramcontent.com/pod-product-compliance
Lightning Source LLC
Chambersburg PA
CBHW081956260726
48659CB00009BA/2864
9798423462406